河南省地方标准

道路深层病害处治设计施工规范

Specification for Design and Construction of Treatment of Road Deep Diseases

DB 41/T 1607—2018

主编单位：河南万里路桥集团股份有限公司
　　　　　河南省交通规划设计研究院股份有限公司
　　　　　许昌金欧特沥青股份有限公司
　　　　　河南万里路桥集团无损检测技术有限公司
　　　　　河南交科公路研究院有限公司
　　　　　河南理工大学
批准部门：河南省质量技术监督局
实施日期：2018 年 09 月 19 日

人民交通出版社股份有限公司
China Communications Press Co.,Ltd.

图书在版编目(CIP)数据

道路深层病害处治设计施工规范/河南万里交通科技集团股份有限公司等主编.—北京:人民交通出版社股份有限公司,2018.10

ISBN 978-7-114-15083-8

Ⅰ.①道… Ⅱ.①河… Ⅲ.①道路工程—病害—防治 ②道路施工—工程施工—技术规范 Ⅳ.①U418②U415-65

中国版本图书馆CIP数据核字(2018)第240371号

河南省地方标准

书　　名:	道路深层病害处治设计施工规范
主编单位:	河南万里路桥集团股份有限公司
	河南省交通规划设计研究院股份有限公司
	许昌金欧特沥青股份有限公司
	河南万里路桥集团无损检测技术有限公司
	河南交科公路研究院有限公司
	河南理工大学
责任编辑:	李　瑞
责任校对:	刘　芹
责任印制:	张　凯
出版发行:	人民交通出版社股份有限公司
地　　址:	(100011)北京市朝阳区安定门外外馆斜街3号
网　　址:	http://www.ccpress.com.cn
销售电话:	(010)59757973
总 经 销:	人民交通出版社股份有限公司发行部
经　　销:	各地新华书店
印　　刷:	北京市密东印刷有限公司
开　　本:	880×1230　1/16
印　　张:	1.25
字　　数:	30千
版　　次:	2018年10月　第1版
印　　次:	2018年10月　第1次印刷
书　　号:	ISBN 978-7-114-15083-8
定　　价:	20.00元

(有印刷、装订质量问题的图书由本公司负责调换)

目　次

前言 II
1 范围 1
2 规范性引用文件 1
3 术语和定义 1
4 病害处治设计 2
　4.1 一般规定 2
　4.2 深层病害状况检测 2
　4.3 方案设计 2
5 病害处治施工 3
　5.1 一般规定 3
　5.2 干拌水泥碎石桩技术 3
　5.3 石灰砂桩技术 7
　5.4 高强聚合物注浆技术 9
　5.5 路面裂缝焊接技术 10
附录 A(规范性附录) 道路深层病害探地雷达无损检测方法 12

前 言

本标准按照 GB/T 1.1—2009 给出的规则起草。

本标准由河南省交通运输厅提出。

本标准起草单位：河南万里交通科技集团股份有限公司、河南省交通规划设计研究院股份有限公司、许昌金欧特沥青股份有限公司、河南万里路桥集团无损检测技术有限公司、河南交科公路研究院有限公司、河南理工大学。

本标准主要起草人：刘澜波、王笑风、徐琦、杨兴旺、李红亮、刘彦涛、魏俊锋。

本标准参加起草人：岳光华、王运中、祝晓磊、杨亚星、耿继光、余全永、李超、杨政鹏、王全新、王明全、王子高、阴麒麟、万建树、杨博、高宇、褚付克、王利霞、陈军、李蕊、胡光胜、陈凌、张宏涛、李旭瑞、闫伟、宋俊伟、张文涛、王振民、陈振平、郭远峰、陈明、张亚慧、刘泽华。

道路深层病害处治设计施工规范

1 范围

本标准规定了道路深层病害处治设计施工的术语和定义、病害处治设计与施工。

本标准适用于道路深层病害处治设计与施工。

2 规范性引用文件

下列文件对于本文件的应用是必不可少的。凡是注日期的引用文件，仅注日期的版本适用于本文件。凡是不注日期的引用文件，其最新版本(包括所有的修改单)适用于本文件。

GB/T 176　　　水泥化学分析方法

GB/T 1034　　塑料吸水性试验方法

GB/T 1040　　塑料　拉伸性能的测定

GB/T 1346　　水泥标准稠度用水量、凝结时间、安定性检验方法

GB/T 2406.2　塑料　用氧指数方法测定燃烧行为　第2部分：室温试验

GB/T 6750　　色漆和清漆　密度的测定　比重瓶法

GB/T 13353　 胶粘剂耐化学试剂性能的测定方法　金属与金属

GB/T 15223　 塑料　液体树脂用比重瓶法测定密度

GB/T 17671　 水泥胶砂强度检验方法(ISO法)

GB/T 22314　 塑料　环氧树脂　黏度测定方法

JG/T 24　　　合成树脂乳液砂壁状建筑涂料

JGJ 79　　　 建筑地基处理技术规范

JT/T 280　　 路面标线涂料

JTG E30　　 公路工程水泥及水泥混凝土试验规程

JTG E42　　 公路工程集料试验规程

JTG E60　　 公路路基路面现场测试规程

3 术语和定义

下列术语和定义适用于本文件。

3.1

道路深层病害

发生在道路面层以下的裂缝、松散、唧浆、脱空、沉陷、路基不均匀沉降、翻浆、滑移等病害。

3.2

干拌水泥碎石桩技术

以水泥为主要固化剂与一定级配的碎石等按比例均匀混合后，通过钻孔、回填、夯实等工艺形成桩体，实现对路基置换挤密、降低含水率的一种路基深层病害处治方式。

3.3 石灰砂桩技术

以生石灰为主要固化剂与砂等掺合料，按比例均匀混合后，通过钻孔、回填、夯实等工艺形成桩体，实现对路基置换挤密、降低含水率的一种路基深层病害处治方式。

3.4 高强聚合物注浆技术

在一定压力下，将含有多种矿物质改性组分的高分子聚合物材料注入道路病害位置，材料发生轻微膨胀快速凝固，终凝强度高于20MPa的一种深层病害处治方式。

3.5 路面裂缝焊接技术

在一定压力下，将双组分改性环氧聚合物材料自下而上对路面内部裂缝进行填充修复的一种路面深层病害处治方式。

4 病害处治设计

4.1 一般规定

4.1.1 宜遵循"少开挖、降低干扰、节能环保"的设计原则。

4.1.2 病害处治设计前，应收集道路设计、施工、交竣工、养护历史、历年检测、交通量、交通组成、地下管网及管线分布状况等基础资料。

4.1.3 试验检测原始数据应真实可靠、记录完整清晰。

4.1.4 道路深层病害检测报告应包括：检测项目、检测方法、采用的仪器和设备、工作参数、测点（线）布置、检测数量、检测结果、原始数据、检测结论等。

4.2 深层病害状况检测

4.2.1 道路深层病害检测宜使用落锤式弯沉仪、探地雷达、地震仪、超声仪等无损检测设备。

4.2.2 裂缝、松散、脱空等道路病害深度≤5m时宜使用探地雷达检测，检测方法应符合本规范附录A的要求；大于5m时宜使用地震仪检测。

4.2.3 弯沉检测时，宜在道路深层病害位置前后100m的范围内布置测点，测点间距宜为20m，病害区可适当加密。

4.2.4 对于路基深层病害，应进行路基钻探、标准贯入试验等现场勘察，检测路基土或地基土的类别、密实度、含水率、承载力等物理和工程性质。

4.2.5 对于非路基问题引起的路面病害，应进行路面钻芯取样，进行基层无侧限抗压强度、面层抗压强度和劈裂强度等室内试验。

4.2.6 道路深层病害状况应进行平面分布检测和竖向分布检测，注明病害平面位置、单处病害面积、病害总面积、病害层位、竖向坐标等。

4.2.7 检测报告应统计分析每处深层病害的程度、范围，判断病害成因。

4.3 方案设计

4.3.1 方案选择

4.3.1.1 由路基压实度低、含水率高等原因引起的路面沉陷、路基翻浆、桥头跳车、路基滑移等病害处治，宜采用干拌水泥碎石桩、石灰砂桩。

4.3.1.2 路面唧浆、松散、脱空及路基不均匀沉降、翻浆等病害处治，宜采用高强聚合物注浆。

4.3.1.3 半刚性基层沥青路面反射裂缝处治,宜采用路面裂缝焊接。

4.3.2 干拌水泥碎石桩、石灰砂桩

4.3.2.1 桩孔宜按梅花形布置,桩间距应考虑路基深层病害专项检测数据,按JGJ 79计算确定,一般可采用0.8m～1.0m。

4.3.2.2 处理范围纵向宜向两侧延伸5m～10m,横向应视病害情况综合确定。

4.3.2.3 桩孔直径宜为150mm,桩长按JGJ 79计算确定。

4.3.2.4 综合考虑路基含水率、土质等因素,确定干拌水泥碎石混合料中的水泥用量和石灰砂桩的灰砂比。一般情况下,水泥用量宜为5%～10%,石灰:砂=1:1。

4.3.3 高强聚合物注浆

4.3.3.1 注浆后路面验收弯沉值应根据道路等级、交通现状以及原设计要求等因素综合确定。

4.3.3.2 裂缝类病害,注浆孔宜距离裂缝0.25m,沿裂缝两侧交叉布置,间距宜为0.5m～1.0m;其他类病害,注浆孔宜按梅花形布置,间距宜为0.5m～1.0m。

4.3.3.3 注浆孔直径宜为20mm,深度应达到病害位置底部,处治范围宜向病害周边延伸0.5m～1.0m。

4.3.4 路面裂缝焊接

输送孔应沿反射裂缝平均分布,孔径宜为20mm,间距为0.5m～1.0m,裂缝较窄部位可适当加密,深度应达到裂缝底部。

5 病害处治施工

5.1 一般规定

5.1.1 根据设计和现场实际情况合理编制施工组织设计。

5.1.2 施工时间应避开雨、雪、大风天气。

5.1.3 水泥、石灰等材料储存应有防水、防雨、防风、防火、防潮措施。

5.1.4 施工时应清扫路面,清除裂缝中的杂物,并保持作业面洁净。

5.1.5 正式施工前应铺筑试验段。

5.2 干拌水泥碎石桩技术

5.2.1 材料

5.2.1.1 水泥

5.2.1.1.1 宜选用普通硅酸盐水泥,强度等级为42.5MPa。

5.2.1.1.2 水泥的技术要求应符合表1的规定。

表1 水泥技术要求

项 目	单 位	技术要求	试验方法
氧化镁	%	≤5	GB/T 176
三氧化硫	%	≤3.5	
烧失量	%	≤5	

表1(续)

项 目		单 位	技术要求	试验方法
安定性(沸煮法)		—	合格	JTG E30 T 0505
细度(比表面积)		m²/kg	≥300	JTG E30 T 0504
凝结时间	初凝	min	≥45	JTG E30 T 0505
	终凝	min	≤180	
抗压强度	3d	MPa	≥17	GB/T 17671
	28d	MPa	≥42.5	

5.2.1.2 石料

5.2.1.2.1 材料宜选用级配碎石,由粗集料和细集料混合而成。

5.2.1.2.2 粗集料表面清洁、干燥、无风化、质地坚硬,技术要求应符合表2的规定,粒径规格符合表3的规定。

表2 粗集料技术要求

项 目	单 位	技术要求	试验方法
压碎值	%	≤30	JTG E42 T 0316
针片状颗粒含量(混合料)	%	≤20	JTG E42 T 0312
水洗法小于0.075mm颗粒含量	%	≤2.0	JTG E42 T 0310
软石含量	%	≤5	JTG E42 T 0320
坚固性	%	≤12	JTG E42 T 0314

表3 粗集料规格

规格名称	公称粒径(mm)	通过下列筛孔(mm)的质量百分率(%)							
		31.5	26.5	19.0	16	13.2	9.5	4.75	2.36
S8	10~25	100	90~100	50~65	30~45	15~30	0~10	—	—
S9	10~20	—	100	90~100	55~70	25~40	0~15	—	—
S10	10~15	—	—	—	100	90~100	0~15	—	—
S12	5~10	—	—	—	—	100	90~100	0~15	—
S14	3~5	—	—	—	—	—	100	90~100	0~15

5.2.1.2.3 细集料应洁净、干燥、无风化、无杂质,有适当的颗粒级配,其技术要求符合表4的规定,粒径规格应符合表5的规定。

表4 细集料技术要求

指 标	单 位	技术要求	试验方法
表观相对密度	—	≥2.45	JTG E42 T 0328
坚固性(>0.3mm部分)	%	≤12	JTG E42 T 0340

表4（续）

指 标	单 位	技 术 要 求	试 验 方 法
含泥量	%	≤5	JTG E42 T 0333
砂当量	%	≥50	JTG E42 T 0334
注：细集料的洁净程度，天然砂以含泥量表示，石屑和机制砂以砂当量表示。			

表5 细集料规格

规格名称	公称粒径（mm）	通过下列筛孔(mm)的质量百分率(%)				
		9.5	4.75	2.36	0.6	0.075
S16	0～3	—	100	80～100	0～5	0～5
S15	0～5	100	80～90	55～65	0～5	0～5

5.2.1.2.4 级配碎石的级配范围应符合表6的规定。

表6 级配碎石的级配范围

项目	通过下列筛孔(mm)的质量百分率(%)							
	31.5	26.5	19	9.5	4.75	2.36	0.6	0.075
级配范围	100	85～100	60～85	35～58	25～38	15～28	0～5	0～5

5.2.2 施工工艺

5.2.2.1 施工设备

主要包括取芯机、钻机、夯孔机、灌料机、搅拌机、夯实机、封口机、发电机等。配套设备性能满足以下规定：
a) 搅拌机和灌料机功率应匹配；
b) 取芯机、钻机、夯孔机孔径应配套。

5.2.2.2 工艺流程

干拌水泥碎石桩施工流程见图1。

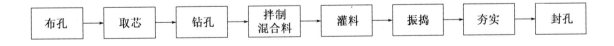

图1 干拌水泥碎石桩施工流程

5.2.2.3 技术要求

5.2.2.3.1 施工前，应标记施工段落和钻孔位置。
5.2.2.3.2 钻孔布孔宜由外向内进行。
5.2.2.3.3 用取芯机贯穿路面面层、基层和底基层钻取引导孔。

5.2.2.3.4 按照设计的孔径和孔深,使用钻机以试验段确定的速度干钻钻孔。
5.2.2.3.5 当被加固路基的含水率较大时,可在成孔过程中加入少量水泥。
5.2.2.3.6 使用夯孔设备将孔底夯实。
5.2.2.3.7 混合料应采用机械拌和,每盘料不少于1min,并在初凝前夯实。
5.2.2.3.8 每灌注0.5m使用夯实机械进行夯实,夯锤质量120kg～150kg,落距1m～1.5m,夯实次数宜为7～9次,前后两次沉降差不超过5mm。
5.2.2.3.9 封孔宜采用热拌沥青混合料、路面冷补料等材料,孔顶宜高出路面3mm～5mm。

5.2.3 质量检查与验收

5.2.3.1 按批检验原材料质量,检验项目和频率应符合表7的规定。

表7 原材料质量技术要求

原材料	项目	检查频率	技术要求
水泥	凝结时间(终凝)	随时	应符合表1规定
	抗压强度(3d、28d)	每批料1次或更换生产厂家时	
	氧化镁		
	三氧化硫		
	剂量	随时	
石料	级配	随时	应符合表2～表6规定
	含泥量		
	针片状颗粒含量		
	压碎值	每批料1次或更换生产厂家时	
	含水率		
	坚固性		

5.2.3.2 施工过程质量控制应符合表8的规定。

表8 施工中质量检查标准及允许偏差

项目	单位	技术要求	备注
桩距	mm	±15	过程控制
桩长	mm	不小于设计值	过程控制
桩径	mm	不小于设计值	过程控制

5.2.3.3 质量检验应符合表9的规定。

表9 干拌水泥碎石桩处治质量检验标准

项目	单位	技术要求	检验频率	试验方法
外观	—	封孔均匀,无松动	全检	目测
弯沉	mm	满足设计要求	每30m²一个点	JTG E60 T 0953

5.3 石灰砂桩技术

5.3.1 材料

5.3.1.1 生石灰

宜采用Ⅲ级以上的钙质生石灰,粒径不大于70mm,消石灰含量不宜超过15%,技术指标应符合表10的规定。

表10 生石灰技术要求

项 目	技术要求	试验方法
有效氧化钙加氧化镁含量(%)	≥70	JTG E51 T 0813
未消化残渣含量(%)	≤17	JTG E51 T 0815
氧化镁含量(%)	≤5	JTG E51 T 0812

5.3.1.2 砂

5.3.1.2.1 含水率宜大于15%,其技术指标应符合表11的规定。

表11 砂的技术要求

项 目	技术要求	试验方法
坚固性(%)	≤10	JTG E42 T 0340
泥块含量(%)	≤1	JTG E42 T 0335
表观密度(kg/m³)	≥2 500	JTG E42 T 0328

5.3.1.2.2 级配范围宜符合表12的规定。

表12 砂的级配范围

公称粒径(mm)	通过下列筛孔(mm)的质量百分率(%)				
	9.5	4.75	2.36	0.6	0.075
0~5	100	90~100	65~95	15~30	0~10
0~3	—	100	75~100	30~60	0~15

5.3.2 施工工艺

5.3.2.1 施工设备

主要包括取芯机、钻机、夯孔机、夯实机、封口机、发电机等。取芯机、钻机、夯孔机孔径应配套。

5.3.2.2 工艺流程

石灰砂桩施工流程见图2。

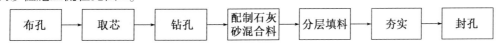

图2 石灰砂桩施工流程

5.3.2.3 施工技术要求

5.3.2.3.1 施工前应标记施工段落和钻孔位置。

5.3.2.3.2 钻孔布孔宜由外向内进行。

5.3.2.3.3 用取芯机贯穿路面面层、基层和底基层钻取引导孔。

5.3.2.3.4 按照设计的孔径和孔深，使用钻机以试验段确定的速度干钻钻孔。

5.3.2.3.5 使用夯孔设备将孔底夯实。

5.3.2.3.6 每灌注0.5m使用夯实机械进行夯实，夯锤质量120kg～150kg，落距1m～1.5m，夯实次数宜为3～5次，前后两次沉降差不超过5mm。

5.3.2.3.7 施工现场如出现地面隆起现象，应调整桩间距。

5.3.2.3.8 成桩后宜进行临时覆盖，待桩体稳定后再进行正式封孔，孔顶面宜高于路面3mm～5mm。

5.3.3 质量检查与验收

5.3.3.1 施工过程中，应按批检查原材料质量，检验项目和频率应符合表13的规定。

表13 原材料质量技术要求

原材料	项目	检查频率	技术要求
石灰	有效氧化钙加氧化镁含量	随时	应符合表10的规定
	未消化残渣含量(%)	每批料1次或更换生产厂家时	
	氧化镁含量(%)		
	剂量	随时	
砂	级配	随时	应符合表11、表12的规定
	泥量含量		
	含水率	每批料1次或更换生产厂家时	
	坚固性		

5.3.3.2 施工过程质量控制应符合表14的规定。

表14 施工中质量检查标准及允许偏差

项目	单位	技术要求	备注
桩距	mm	±15	过程控制
桩长	mm	不小于设计值	过程控制
桩径	mm	不小于设计值	过程控制

5.3.3.3 施工质量检验标准应符合表15的规定。

表15 石灰砂桩处治质量检验标准

项目	单位	技术要求	检验频率	检验方法
外观	—	封孔均匀,无松动	全检	目测
弯沉	mm	满足设计要求	每30m²一个点	JTG E60 T 0953

5.4 高强聚合物注浆技术

5.4.1 材料

高强聚合物注浆材料技术要求应符合表16的规定。

表16 高强聚合物材料技术要求

项　目		单　位	技　术　要　求	试　验　方　法
密度		g/cm³	≥1.2	GB/T 6750
标准稠度用水量		%	5～20	
凝结时间	初凝	min	≥30	GB/T 1346
	终凝	min	≤100	
流锥流动度		s	≤30	JTG E30—2005
抗折强度	2h	MPa	≥2.5	GB/T 17671
	3h	MPa	≥5.0	
抗压强度	2h	MPa	≥15	
	3h	MPa	≥20	

5.4.2 施工工艺

5.4.2.1 施工设备

主要包括钻机、液压注浆泵等。

5.4.2.2 工艺流程

高强聚合物注浆施工流程如图3所示。

图3 高强聚合物注浆施工流程

5.4.2.3 施工技术要求

5.4.2.3.1 钻孔应匀速慢进，上下贯通。

5.4.2.3.2 成孔后，保持路面清洁。

5.4.2.3.3 根据钻孔深度，插入注浆管，安装注射帽，确保注射帽凹型边缘清洁。

5.4.2.3.4 注射枪与注射帽应结合紧密，注浆压力宜为3MPa～7MPa；注浆饱满后，稳压3min～5min。

5.4.3 质量检查与验收

施工质量检验标准应符合表17的规定。

表17 高强聚合物注浆处治质量检验标准

项 目	单 位	技 术 要 求	检 验 频 率	检 验 方 法
外观	—	表面平整、处治材料分布均匀	全检	目测
初凝时间	min	≥30	随时	GB/T 1346
终凝时间	min	≤100	随时	
路面弯沉	—	满足设计要求	每30m²一个点	JTG E60 T 0953

5.5 路面裂缝焊接技术

5.5.1 材料

裂缝焊接料宜选用双组分改性环氧聚合物材料，A、B组分的技术要求分别符合表18、表19的规定，A、B组分合成后形成的聚合物技术要求应符合表20的规定。

表18 改性环氧聚合物材料A组分技术要求

检 测 项 目	单 位	技 术 要 求	试 验 方 法
外观	—	均匀	目测
黏度（25℃）	Pa·s	≤0.1	GB/T 22314
含水率	%	≤1	GB/T 1034
密度（25℃）	g/cm³	1.05~1.20	GB/T 15223

表19 改性环氧聚合物材料B组分技术要求

检 测 项 目	单 位	技 术 要 求	试 验 方 法
外观	—	半透明	目测
黏度（25℃）	Pa·s	≤0.1	GB/T 22314
含水率	%	≤0.5	GB/T 1034
密度（25℃）	g/cm³	1.10~1.20	GB/T 15223

表20 改性环氧聚合物材料的技术要求

检 测 项 目	单 位	技 术 要 求	试 验 方 法
密度	kg/m³	1 200~1 400	GB/T 15223
反应时间（25℃）	s	20~30	GB/T 22314
完全固化时间（25℃）	h	≤72	JT/T 280
黏结强度（25℃）	MPa	≥2	JG/T 24
断裂伸长率	%	≥20	GB/T 1040
耐化学腐蚀	—	不溶解于化学药品（酸、碱）	GB/T 13353
阻燃性	—	空气中难燃	GB/T 2406

5.5.2 施工工艺

5.5.2.1 施工设备

主要包括钻机、高压裂缝焊接设备、料桶、发电机、空压机、吸尘器等。

5.5.2.2 工艺流程

路面裂缝焊接施工工艺流程如图4所示。

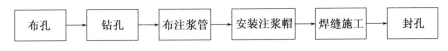

图4 路面裂缝焊接施工流程

5.5.2.3 技术要求

5.5.2.3.1 焊接施工前,应封闭路面表面裂缝。

5.5.2.3.2 钻孔孔位应以裂缝为中心,垂直误差不大于5mm。

5.5.2.3.3 裂缝焊接料输送压力宜为3MPa~7MPa,输送到设定值后,停止输送,稳压15s。

5.5.3 质量检查与验收

施工质量检验标准应符合表21的规定。

表21 裂缝焊接处治质量检验标准

项目	单位	技术要求	检验频率	检验方法
外观	—	表面平整、处治材料分布均匀	全检	目测
渗水系数	mL/min	≤10	总裂缝的5%,每道缝三个点	JTG E60 T 0971
芯样外观	—	芯样完整、密实、无空隙	总裂缝的1%,每道缝取一个芯	目测

附 录 A
（规范性附录）
道路深层病害探地雷达无损检测方法

A.1 检测仪器及设备

A.1.1 探地雷达主机技术指标应符合下列规定：
  a) 系统增益应不低于120dB；
  b) 信噪比应不低于60dB；
  c) 模数转换应不低于12位；
  d) 信号迭加次数应可选择；
  e) 采样间隔宜不大于0.5ns；
  f) 实时滤波功能可选择；
  g) 应具有点测与连续测量功能；
  h) 应具有手动或自动位置标记功能；
  i) 应具有现场数据处理功能。

A.1.2 探地雷达天线宜采用不同频率的组合天线，技术指标应符合下列规定：
  a) 应具有屏蔽功能；
  b) 最大探测深度应大于2m；
  c) 垂直分辨率应高于2cm。

A.1.3 探地雷达工作环境应符合下列规定：
  a) 工作环境温度应为－10℃～＋40℃；
  b) 工作环境湿度应小于90%。

A.2 现场检测

A.2.1 检测前准备

A.2.1.1 对被检工程进行现场调查，搜集设计、施工资料，了解工作条件及环境安全状况。
A.2.1.2 调查施工过程中特殊施工段，记录结构物位置和影响检测工作障碍物和电磁干扰源的位置。
A.2.1.3 调查已发生表层病害，并记录其位置和类型。
A.2.1.4 检测前应正确连接雷达系统，并进行试运行。
A.2.1.5 检测前应准确标记检测里程桩号及测线位置。
A.2.1.6 测量轮连续采集时应保持测量轮随检测距离运转良好，计程准确。
A.2.1.7 在不间断通行道路检测时，检测车后应跟随保通警示车辆，检测车内应有专人负责安全。

A.2.2 测线布置

A.2.2.1 测线布置应以纵向布线为主，横向布线为辅。
A.2.2.2 每车道应布设一条纵测线。应选取有代表性病害的特征部位布设横测线，对于重点病害异常区段宜加密测线，必要时应根据缺陷目标体形状布置横向测线。
A.2.2.3 测线每1km应有一个里程标记，标记应清晰。

A.2.3 介质参数标定

A.2.3.1 检测前应对道路结构层的介电常数或电磁波速做现场标定，每同类道路结构层宜不少于3

处,取平均值为该类道路结构层的介电常数或电磁波速。当检测长度大于10km时,应适当增加标定点数。

A.2.3.2 标定宜采用钻孔实测方法,标定记录中的界面反射信号应清晰、准确。

A.2.3.3 标定结果应按式(A.1)、式(A.2)计算:

$$\varepsilon = \left(\frac{0.3t}{2d}\right)^2 \tag{A.1}$$

$$v = \frac{2d}{t} \times 10^9 \tag{A.2}$$

式中:ε——相对介电常数;
  t——双程旅行时间,ns;
  d——标定目标体厚度或距离,m;
  v——电磁波速,m/s。

A.2.4 现场参数设定

检测参数应包括中心频率、时窗、采样率、测点点距等,应符合下列规定:

a) 天线中心频率应按式(A.3)选择:

$$f = \frac{150}{X\sqrt{\varepsilon}} \tag{A.3}$$

式中:f——天线中心频率,MHz;
  X——要求的空间分辨率;
  ε——相对介电常数。

b) 时窗应按式(A.4)确定:

$$T = 1.3 \times \frac{2d}{v} \tag{A.4}$$

式中:T——时窗长度,ns;
  d——目标体厚度或距离,m;
  v——电磁波速,m/s。

c) 采样率应满足Nyquist采样定律,采样率宜不小于天线中心频率的6倍;
d) 测量点距应保证每个目标体有不少于5条以上的扫描道通过;
e) 距离记录方式宜采用测量轮连续测量采集方式,特殊情况可采用点测方式;
f) 当使用分离式天线时,天线间距应按式(A.5)计算:

$$s = \frac{2d}{\sqrt{\varepsilon}} \tag{A.5}$$

式中:s——天线间距,MHz;
  d——目标体厚度或距离,m;
  ε——相对介电常数。

A.2.5 现场检测

A.2.5.1 检测时应保证检测天线平稳匀速直线行进,减少天线晃动,避免不必要的绕行。
A.2.5.2 检测时移动速度应控制在以不丢失采集数据为准,不宜太快。
A.2.5.3 应密切注意雷达图像的变化,对图像异常段做好记录,必要时进行复检或加密检测。
A.2.5.4 应随时记录可能对测量产生电磁影响的物体形态及其位置。
A.2.5.5 检测记录应包括测线位置、编号、天线移动方向、标记间隔、天线类型以及异常描述等。

A.3 数据处理与分析

A.3.1 原始数据处理前应检查原始数据是否完整,信号是否清晰,里程记录是否正确。不合格的原始数据不得进行处理与解释。

A.3.2 外业原始记录有下列情况之一者,资料应作废,并重新采集：
　　a) 测点、测线、里程桩号混淆不清；
　　b) 干扰背景强烈,妨碍有效波的识别；
　　c) 不能可靠采集有效波。

A.3.3 数据处理与解释软件应使用正式认证或经鉴定合格的软件。

A.3.4 应正确选择处理参数,处理参数应能有效压制干扰信号、提高信噪比、真实反映地下介质的情况、获取清晰的处理剖面。

A.3.5 处理后的资料应确保里程桩号和位置标记准确、无误。

A.4 资料解释

A.4.1 资料解释应在掌握测区内物性参数和道路结构层的基础上,按由已知到未知和定性指导定量的原则进行。

A.4.2 根据现场记录,分析可能存在的干扰体位置与雷达记录中异常的关系,准确区分有效异常与干扰异常。

A.4.3 准确读取双程旅行时的数据。

A.4.4 道路结构层界面应根据反射信号的强弱、频率变化及延伸情况确定。

A.4.5 雷达数据解释完后,必须现场打孔验证。

A.4.6 解释结果和成果应符合道路质量检测要求。

A.5 评价报告

A.5.1 检测工作完成后,应编制探地雷达检测报告。报告应由说明书、图件和附件组成。

A.5.2 检测报告准确、完整,数据应真实、齐全。内容应包括：检测项目、检测方法、采用的仪器和设备、工作布置、工作量、检测数量、抽验路段、检测结果、资料处理和解释、检测结果验证分析、结论等。

A.5.3 报告主要图表应包括下列内容：
　　a) 测线布置图,含测线的位置、方向和里程等；
　　b) 探地雷达时间剖面图像；
　　c) 探地雷达深度剖面图像；
　　d) 综合解释断面图；
　　e) 病害检测结果及评价表；
　　f) 病害分布统计表和分布图。

A.5.4 报告附件应包括如下内容：
　　a) 原始记录；
　　b) 原始数据(仪器原始数据应转换为标准物探格式)；
　　c) 检测影像资料及电子文档等。